Cornelia Hättenschwiler -
Der Orgasmus der Frau und andere Lügen -
Eine humoristische Annäherung

AF190110

Cornelia Hättenschwiler

Der Orgasmus der Frau und andere Lügen

Eine humoristische Annäherung

Hättenschwiler Cornelia:
Der Orgasmus der Frau und andere Lügen -
Eine humoristische Annäherung /
Cornelia Hättenschwiler

Umschlagfotos:
Cornelia Hättenschwiler, Sonnenaufgang Malta 2008
Textliche Überarbeitung: Helene Kühne, Martin Meier

© Copyright 2008 Cornelia Hättenschwiler
1. Auflage - November 2008 Eigenverlag
ISBN 9783033017160

© Copyright 2017 Cornelia Hättenschwiler
2. überarbeitete Auflage – Dezember 2017
Herstellung und Verlag:
BoD – Books on Demand, Norderstedt
ISBN 9783746032283

Inhalt

Vorwort

Die Autorin übernimmt keinerlei Haftung

Als erstes muss deutlich darauf hingewiesen werden, dass dieses Buch mit Nichten ein Lehrbuch darstellt. Es weist auch keinen wissenschaftlich abgeklärten Hintergrund auf. Sollten Sie versucht sein, sich in einzelnen Geschichten zu erkennen, ist dies weder gewollt noch absichtlich. Der Grund wird darin liegen, dass es Situationen sind, die unser aller Leben wieder spiegeln.

Dieses Buch entstand im „statistischen" Bewusstsein, dass rund 70% des weiblichen, heterosexuellen Geschlechtes ein Leben lang auf einen Orgasmus verzichtet. Gewollt oder ungewollt? Lügen die Frauen, lügen die Statistiken oder ist es einfach so wie es ist?

Diese Frage hat mich vier Jahre beschäftigt und ich habe über 300 Frauen angesprochen - immer mit der gleichen Frage:

**„Wann hattest Du Deinen
letztten Orgasmus?"**

Aus dem Sammelsurium von Antworten, Meinungen, Gefühlen, Wahrheiten und Lügen sind Geschichten entstanden, die das Leben schreibt. Die zusammengefassten und gebündelten Aussagen stammen von Frauen zwischen 17 und 87. Diese kommen aus der Schweiz, Österreich und Deutschland, es sind auch einige dabei aus Italien, Spanien, Holland, USA, Schweden, Norwegen, Japan, Island, Russland, England, Schottland, Polen, Thailand, Brasilien und dem Fürstentum Lichtenstein.

Wer erwartet, lüsterne, schlüpfrige, obszöne, unsittliche, anrüchige oder sexistische Erotika vorzufinden, den muss ich enttäuschen.
Wenn Sie, liebe Leserinnen und Leser, durch meine Ausführungen inspiriert, entzückt, angeregt, beeindruckt, beseelt, beflügelt, begeistert, berauscht oder belebt werden, habe ich mein erhofftes Ziel erreicht.
Mit Freuden habe ich erlebt, dass die Erstauflage dieses Buches innert Kürze ausverkauft war. Dieses Thema hat bis heute seine Aktualität erhalten. Daher lege ich das Buch in überarbeiteter Form gerne nochmals auf – angereichert mit Kommentaren und Aussagen von Männern, die auch einen grossen Teil der interessierten Leserschaft ausmachen.

Vorweggenommen

Der Mann ist nicht Schuld - es interessiert ihn nur nicht.

Es liegt nicht am Mann, wenn Frauen selten, zu wenig oder gar nicht zum Orgasmus kommen.

Männer sind von Natur aus daran interessiert, Frauen zu befriedigen. Es ist genau dasselbe, wie Männer immer interessiert sind, eine Frau zu erobern.

Da die Gehirnhälfte des Mannes, welche diese Interessen steuert „einseitig, schwerfällig, unge-schickt und beengt" ist, kann er von sich aus nicht nachvollziehen, dass die Frau keinen Or-gasmus hat.

Ebenso wie ein Mann nicht wahrnimmt, dass er in Wirklichkeit von der Frau erobert wurde. Die Frau gibt ihm dieses Gefühl. Das genügt und behagt ihm. Was ihn in diesen Situationen echt freut, wenn nicht geradezu begeistert: die Frau belästigt ihn weder mit entbehrlichen Fragen noch mit überflüssigen Bekenntnissen.

Die Zitate zu Statistiken:

**„Glaube keiner Statistik,
die Du nicht selber gefälscht hast."**

(Zitat stammt möglicherweise von Winston
Churchill oder Stalin
oder von einem Mathematiker od....?)

**„Es gibt 3 Arten von Lügen:
Lügen, verdammte Lügen und Statistiken."**

(Zitat von Mark Twain)

Männer-Antwort

Es war für meine Recherchen unumgänglich, einigen Männern auf den Zahn zu fühlen mit der Frage:

„Merkst Du, ob und wann Deine Frau einen Orgasmus hat?"

Und hier die beliebteste Antwort:

„Muss ich das wissen?"

Andere sind nicht so versiert, ob und wann ihr „Bettgespänli" einen Höhepunkt erlebt, aber alle verharren in der Zuversicht, ohne unnötig Fragen zu stellen.

Frauen-Antwort

Wenn gleichwohl ein seltenes Exemplar von Mann nach einem Liebesakt fragt:
„Schatz, wie war's für Dich?", dann hütet sich die weise Frau davor, den schönen Abend mit Ehrlichkeit zu verderben.

Bei all meinen Befragungen hat sich herauskristallisiert, dass kaum eine Frau den Mann für „schuldig spricht". Eine Vielzahl spricht vom „falschen Mann", was die Frage aufwirft: „Warum sucht oder findet Frau den falschen Mann?"

Eindeutig hat sich gezeigt, dass die Frauen gegenüber dem Partner in Sachen „Orgasmus" nicht immer ehrlich sind. Die einen bezweifeln, dass sie es können oder dürfen. Die andern wollen es schlicht weg einfach nicht.

Hier die beliebteste Antwort:

„Muss er das wissen?"

1   Die Neugierige

„Das kann ich nicht glauben. Das heisst ja, dass nur rund 30% der Frauen einen Orgasmus haben. Das sind ja nur 3 von 10. Nein, das kann ich nicht glauben. Das werde ich bei meinem Sportverein ausprobieren. Wir sind nämlich genau 10 Frauen. Ich werde alle fragen."

Einige Zeit später
„Du hattest nicht so ganz Recht. 5 von 10 haben regelmässig einen Höhepunkt. Und regelmässig heisst, so zwischen 6 bis 20 Mal pro Jahr. Je länger die Beziehung desto weniger - und je verliebter umso mehr. Die Älteste von uns ist jetzt gerade das dritte Mal verheiratet. Logisch ist sie die mit den 20 Mal. Eine ist verklemmt und eine andere....., ich weiss auch nicht.   Aber es ist schon heller Wahnsinn, dass nur 5 von 10 überhaupt mithalten können. Das finde ich schlimm. Wir haben das Ganze ernsthaft diskutiert. Unter Kolleginnen braucht es aber hochkarätiges Fingerspitzengefühl.

Ich habe dann einfach Dein Buch als Grund vorgeschoben. Ich bin sicher, dass unsere Gespräche super positive Erkenntnisse bringen; denn eine von uns hat sich fast augenblicklich entschieden, ihren „Laari" von Mann endlich in die Wüste zu schicken.

Wir waren uns alle einig - der Mann ist nicht schuld - nur der falsche Mann ist schuld. Und dieser „Laari" ist schon lange der falsche Mann.

Wir werden bestimmt noch öfters über dieses Thema faseln. Vielleicht können wir die Statistik noch mehr verbessern."

Ich frage:
„Und wo stehst Du in Eurer Statistik?"

„Das hättest Du gerne gewusst. Ich sag Dir nur so viel; die Befragung hat mich beruhigt. Ich bin gar nicht so schlecht dran."

2   Die Anspruchslose

„Weisst Du, bei meiner Generation war das nie ein Thema. Für die Hochzeitsnacht habe ich mir ein schönes weisses Nachthemd mit Spitzenbordüren geleistet. Er hat sich am Fest zu viele Schnäpse reingeschüttet.

Dafür habe ich sofort und unüberhörbar seine Schlaf-, beziehungsweise Schnarchgewohnheiten kennen gelernt.

Es dauerte Wochen bis zum 1. Mal. Ich habe geheult, er hat seine Unsicherheit mit noch mehr Schnäpsen überdeckt. Dann kam er nur noch im Dunkeln. Nach dem 5. Kind kam er gar nicht mehr und mir war das recht so.

Du musst nicht glauben, dass er ein schlechter Mann war. Er hat immer viel gearbeitet und wir hatten immer genug zu essen. Die Kinder hatten sogar alle ein Fahrrad. Einen Fernseher hatten wir auch. Die Kinder sind alle ganz gut herausgekommen. Ich bin jetzt schon 17fache Grossmutter und auch einmal Urgrossmutter.

Das Grab vom Mann kann ich nicht mehr besuchen; jetzt ist dort wieder eine Wiese.

Ich gehe trotzdem jede Woche auf den Friedhof. So aus Gewohnheit. Da ist ein ganz netter Herr; er hat vor 11 Jahren seine Frau verloren. Wir können uns recht gut unterhalten."

„Auf dem Friedhof?"

Sie nickt freudig.

„Jede Woche, am Donnerstagnachmittag, manchmal auch noch zusätzlich am Montagnachmittag. Das ist schön so. Wir sind halt eine andere Generation. Vielleicht gehen wir irgendwann auch Kaffee trinken."

Synonyme für den **Orgasmus** der Frau:

Höhepunkt
Kommen
Befriedigung
Hochblüte
Gipfelsturm
Wollust
Aufschwung
Glücksstunde
der kleine Tod
Sinneslust
Ekstase
Schicksalsstunde
Unterbauchfeuerwerk

3   Die Lustige

Stinke sauer ist die Erste. Die Zweite lehnt sich mit einem abgeklärten Lächeln zurück. Die Dritte flattert mit ihren Augen nervös in der Gegend herum. Die Vierte lacht und erzählt - als ob es das Selbstverständlichste der Welt wäre - dass Frauen sensationelle Lügnerinnen sind. Die Orgasmusszene von Meg Ryan im Film „When Harry met Sally" sei ein Paradebeispiel.

Und genau so gehe es in den Betten zu und her. Jede ist eine kleine „Sally", aber echt jede. Nur zugeben will es keine. Sie findet es gut, dass dieses Thema mal auf den Tisch kommt. Mit verzerrten Grimassen und ballettösem Körpereinsatz gibt sie Laute, Gestöhne und Schnauftiraden von sich, die einem Körperzuckanfall in Zeitlupentempo ähneln.

Die Stinkesaure ist noch mehr stinke sauer. Die mit dem abgeklärten Lächeln lächelt weiter. Die Augenflatternde flattert noch nervöser, die Lachende lacht noch fröhlicher und unbeschwerter als vorher.

Doch das mit den 70% will sie nun doch nicht glauben. Denn so zwei- bis dreimal pro Jahr klappe es auch bei ihr. Wenn man zusätzlich das Glücksgefühl dazu zählt, dem Mann die Freude am Glauben geboten zu haben, dann sind es genug Höhepunkte.

Schon beginnt sie wieder mit ihren anfallartigen Vorführungen, bald auch zur Belustigung ihrer Kolleginnen, die sich allmählich mitreissen lassen.

„Was tut den Ihr da?", fragt ein Gast vom Nebentisch. „Wir feiern Orgasmus", jappst die Lustige.

PS. Für alle Frauen, die nicht wissen, wie man einen Orgasmus vortäuscht und für alle Männer, die nicht wissen, wie sich ein vorgetäuschter Orgasmus anhört:

Auf www.youtube.com kann man den grandios gespielten Orgasmus von Meg Ryan sehen und hören.

4   Die Benebelte

Zum sechsten Mal hat er versprochen, mit ihr auszugehen. Seit über einer Stunde wartet sie nun schon in diesem komischen, verstaubten, altbackenen Café. Warum mussten sie sich überhaupt hier treffen, da ist man ja auch sonst nie. Langsam wird sie griesgrämig.

Er konnte nicht früher. Punkt. Er bestellt sich einen Espresso. Sie hat ihren Tee, dann das Mineralwasser und den Kaffee schon längst hinter sich.

„Gehen wir zu mir?" fragt er in aufgeräumter Stimmung.

„Wir gehen doch aus, das hast Du versprochen", meint sie mürrisch.

„Es ist doch noch viel zu früh, ist ja nirgends was los. Das machen wir nachher", beruhigt er sie mit schmeichelnder Stimme und tätschelt beruhigen wollend ihre Hand.

Er trinkt den Espresso in einem Schluck, wartet mit wippendem Knie bis sie alles bezahlt hat. Er steht auf und sie trabt mehr oder weniger willig hinter ihm her.

Etwa 15 Minuten dauerte dann das Ganze.

Er zieht sich zügig wieder an: „Gehn wir in die Disco 15?",
fragt er, sagt's - aber mehr als bestimmend.

„Können wir nicht woanders hingehen?" erlaubt sie sich kleinlaut zu fragen.

„Dort sind meine Kumpels, bin sowieso schon spät dran. Oder willst Du lieber nach Hause?"
sagt er wiederum bestimmend.

Nachdem sie ihre Bluse zugeknöpft hat, trabt sie wieder mehr oder weniger willig hinter ihm her.

„Und wie war's?", witzelt einer der Kumpels grinsend. Die andern spähen auch. Er hebt gemächlich die Schultern und klopft ihr genüsslich auf das Hinterteil.

Gekränkt und beleidigt trabt sie unverzüglich, dafür mehr als willig, nach Hause.

„Warum stehe ich auf einen so selbstherrlichen und egoistischen Typen?"

„Wie war's im Bett", frage ich.

„Kurz und dürftig, wie jedes Mal. Wie kann ich nur so blöd sein. Langsam glaube ich, dass bei mir eine Schraube locker ist. Aber ich liebe ihn halt. Vielleicht ändert er sich ja noch."

57% der Frauen bezeichnen sich als aktiv
während dem Sex.
Das ergibt 43% passive Frauen.

Die Männer bezeichnen 41% der Frauen als aktiv
während dem Sex.
Das ergibt 59% passive Frauen.

„Warum täuschen viele Frauen den
Orgasmus vor.?"

„Weil viele Männer das
Vorspiel vortäuschen."

5   Die Schaffende

Die Frage nach dem Höhepunkt sei bei ihr nun wirklich nicht angebracht. Sie macht dies doch beruflich. Es ist immer wieder erstaunlich und überwältigend, wenn Kunden der unbeirrbaren Überzeugung erliegen, dass auch sie, als Bezahlte einen Höhepunkt hätte oder zumindest eine wahrhafte Erquickung verspüre.
Selbstverständlich lasse sie jeden in diesem Glauben. Sie ist stolz auf ihre vielen Stammgäste und es wäre echt schwachsinnig und vor allem geschäftsschädigend, diese zu vergraulen.

Privat sei zurzeit „nicht viel los". Aber in zwei bis drei Jahren werde sie aufhören und ein Beizli oder eine Bar aufmachen. Ob sie auf Männer oder Frauen steht, kann sie nicht so genau sagen. Wenn der oder die Richtige kommt, ist es ihr nicht so wichtig, ob Weiblein oder Männlein. Momentan seien ihr aber echte Freunde lieber. „Der Beruf macht einsam."

„Und Orgasmus?".

„Den kann man sich auch herbei denken - kein Witz - ich kann das, aber nur privat."

**Zum Thema
Fremdgehen/Seitensprung:**

Jeder zweite Mann tut es

Jede dritte Frau tut es

Warum Männer fremdgehen:
Hebt das Ansehen
Häusliche Entfremdung
Angst vor Nähe

Warum Frauen fremdgehen:
Häusliche Unzufriedenheit
Fühlen sich ungeliebt

51% aller Fremdgeh-Affären fliegen auf.

6 Die Unverbesserliche

Sie findet es eine bodenlose Frechheit aus heiterem Himmel mit der Frage: „Wann hattest Du Deinen letzten Orgasmus" angesprochen zu werden.

„Das geht Dich nun mal wirklich gar nichts an."

„Aber sicher. Angehen tut mich das nichts. Trotzdem frage ich Dich. Vielleicht gibst Du mir eine Antwort, wenn ich Dich auf die Statistik mit den 70% aufmerksam mache."

Nun, sie ist schon 8 Jahre verheiratet. Die Kinder sind vier und sechs Jahre alt. Da muss man manchmal ausbrechen, mit einer Freundin tanzen gehen - so wie heute Abend - und den Hausfrauen- und Mutteralltag vergessen. Ihr Mann sei ein typischer Stubenhocker, ausser freitags, da ist immer Männerabend - ohne Ausnahme.

Die beiden heraus geputzten Ladys sitzen an der Bar wie auf dem hohen Ross, blicken gelangweilt in die Runde und hoffen, dass irgendein gutaussehender Mann auf sie zukommt. Beide nippen an ihren nie leer werdenden Gläsern und sind einhellig der Meinung, dass hier heute Abend „tote Hose" ist.

Auch in der letzten und vorletzten Bar waren „alle Hosen tot".
„Und… wann war nun das letzte Mal?"
„Vor drei Wochen."

„Für wen - ich rede von Deinem Orgasmus?"

„Ach das ist schon länger her, eigentlich weiss ich es gar nicht mehr. Aber es ist manchmal trotzdem schön."

„Weiss er das?"

„Was, dass es schön ist?"

„Nein, dass es schon länger her ist."

„Ich glaube nicht."

„Willst Du nichts dagegen tun?"

„Nein. Ich kann doch nicht jahrelang so tun und auf einmal nicht mehr. Ausserdem hatte ich schon mal einen Orgasmus. Ich weiss wie sich das anfühlt. Doch es ist bestimmt bei vielen Frauen so. Es kommt einfach der Alltag. Man hat keine Zeit und keine Lust mehr für solche Sachen"

„Gefällt es Dir so?"
„Ach lasse mich in Ruhe. Wir wollen uns jetzt amüsieren. Vielleicht ändert sich das irgendwann mal wieder."
Ich provoziere: „Irgendwann? Wie trostlos es bei Euch im Schlafzimmer zu und her geht, will ich mir gar nicht vorstellen."

„Ich mir im Moment auch nicht, das versaut mir die Stimmung", meint sie.

Wir schauen uns alle gequält an, um im nächsten Moment in quietschendes Gelächter auszubrechen.

Plötzlich sind auch männliche Gesprächspartner da. Es wird getanzt, geflirtet und sogar ein zweites Glas bestellt.

„Auf Wiedersehen. Wir freuen uns auf Dein Buch. Für unsere Männer wird das eine Pflichtlektüre."

Die reizvollsten Höhepunkte stellen sich bei Frauen ein, die im Durchschnitt 20 Minuten Zärtlichkeit geniessen und geben.

Die häufigsten und intensivsten Orgasmen erleben die Männer nach 19 Minuten.

Durchschnittliche Dauer des Liebesspiels weltweit:
18 Minuten

Spitzenreiter:
Nigeria 24 Minuten

Schlusslicht:
Indien 13,2 Minuten

Zum Vergleich:

Schweiz	18,9 Minuten
Österreich	16,9 Minuten
Deutschland	17,6 Minuten

7 Die Eigenständige

„Meinst Du mit einem Mann oder selber? Für mich gehört das zum Leben wie Duschen oder Nägel schneiden. So dreimal in der Woche mach ich das schon. Das brauche ich. Ich habe einen 2-stufigen Vibrator, ein Multitalent, einen Gleitfreudigen, ein Lust-Ei und einen Dildo. Den ersten hat mir ein Freund geschenkt. So bin ich auf den Geschmack gekommen. Es ist vielleicht nicht der gleichgestellte Höhepunkt wie mit einem Mann. Aber dafür gibt's immer einen Höhepunkt. Ich fühle mich dann ungeheuer wohl und zufrieden.

Manchmal benütze ich einen davon auch, wenn ein Mann da ist, aber eher selten. Ich habe festgestellt, dass die Männer dabei zu schnell scharf werden und ruckizucki - der Kleine kommt, macht schlapp und Ende der Durchsage.

Nur zum Zuschauen brauch ich keinen Mann. Wenn ich irgendwann mal den Richtigen finde, hoffe ich, dass wir das Heu auf der gleichen Bühne haben. Vorläufig kann ich mich aber ganz gut alleine beschäftigen."

8 Die Bedauernswerte

„Orgasmus, was soll das. Das interessiert doch kein Schwein. Es ist einfach geil, einen Kerl aufzureissen. Jedes Wochenende einen andern, das ist geil."

Sie hat noch jeden rumgekriegt. Jeder den sie will, steigt mit ihr in die Kiste. Keine ihrer Artgenossinnen macht ihr das nach. Sie ist die Beste, das hat sich rumgesprochen und jeder will mit ihr.

„Und Orgasmus?"

„Scheisse, was soll das. Geil muss es sein."

Heiraten will sie später irgendwann mal. Aber sicher nicht so einen Dreckskerl wie ihre Mutter einen hat. Kinder will sie auch, zwei bis drei Stück. Ein Haus mit Garten sollte es ebenfalls sein, denn sie liebt Katzen und Hunde. Vielleicht auch noch Kaninchen. Anderes Getier wie Mäuse und Ratten will sie nicht, die erinnern sie sowieso nur an den Dreckskerl ihrer Mutter.

„Und Orgasmus?"

„Was soll das Gelaber. Alte Weiber machen das sowieso nicht mehr."

„Und wie wär's mit Liebe?"

Da kann sie nur lachen. Sie ist froh, wenn sie das, was ihre Mutter von ihrem Alten abkriegt nicht mehr selber erleben muss.

Vor einem Jahr ist sie abgehauen. Die Mutter ist immer noch bei diesem Dreckskerl.

9   Die Ehrliche

Bei 12 von 18 verschiedenen Männern habe sie einen Orgasmus erlebt. Ja genau. Sie führt eine Statistik. Einfach so. Andere halten fest, wem sie was zu Weihnachten geschenkt oder welches Kleid sie an welchem Anlass getragen haben. Sie habe das halt mit den Männern gemacht. Angefangen habe es nach dem 6. Sie wusste nicht mehr, ob es nun der 5., 6. oder 7. war.

So hat sie rückwirkend die Namen aufgeschrieben. Dabei ist es geblieben. Jeder Neue wurde fein säuberlich aufgeführt. Nein, es interessiert sie nicht, ob das viele, wenige oder überhaupt. Es sind nun mal 18 Beziehungen, bzw. Bettgeschichten gewesen. Das mit dem Orgasmus ist ihr erst beim 9. eingefallen. Sie hat festgestellt, dass es mit diesem einfach herrlich war. Höhepunkt auf Höhepunkt. So hat sie sich gefragt, wie es eigentlich vorher war. Und schon bekam jeder Name einen Stern oder ein Kreuz.

Es ist weder eine traurige noch eine beunruhigende Feststellung, dass die ersten 3 nur ein Kreuz erhalten haben. Man war jung und unerfahren. Der 4. war eine Dreiwochen-Beziehung mit einmaligem Höhenflug.

An den 5. und 6. kann sie sich nicht mehr wirklich erinnern. Der 7. war ein nicht missen möchtendes Ferienerlebnis. Den 8. überspringt sie und der 9. war der Hammer.

Dank ihrer Statistik habe sie sich auch selber kennen gelernt. Sie hat sich gefragt, warum bei dem und bei dem nicht. Obwohl die Antwort manchmal wehtat, ist sie ehrlich zu sich selbst gewesen. Nicht der Mann an und für sich war das Problem. Der falsche Mann war das Problem. Im Bett nicht loslassen können und den falschen Mann auch nicht loslassen können, das ist halt schon eine dämliche und doofe Frauenkrankheit - aber heilbar. Sie habe vor allem an sich selbst und an ihren Beziehungen gearbeitet.

Nun ist sie bei Nummer 18 gelandet.
„Was ist mit Nr. 10 bis 17?"
„Alles muss man ja nicht ausplaudern und das ist sowieso nicht mehr relevant."

Bei Nr. 18, da will sie bleiben. Schliesslich ist sie jetzt 21 Jahre glücklich verheiratet und feiert nächstes Jahr ihren 70. Geburtstag.

10 Die Zickige

Es fällt auf, dass Frauen dann und wann vollendete Zicken sind. Sie schnöden, sie meckern, sie kritisieren, sie fallen über andere wie Hyänen her - meist nur gedanklich oder mit vorgehaltener Hand. Aber immer unsäglich rabiat.

Was diese unseligen Evastöchter selber nicht wahrnehmen - man sieht es ihnen an.

Wenn ich einer solchen Zicke begegne, sehe ich in ihrem Gesicht die pure Bösartigkeit. Die Augen blicken blitzend und überquellen, die Nasenflügel beben und rollen sich, die Lippen werden trotz Botoxspritze zu dünnen, runzligen Beton-Strichen.

Und siehe da. Das Unheil nimmt seinen Lauf.
Alle Zicken hatten schon lange keinen Orgasmus mehr oder noch nie einen erlebt.

Denn Zicken haben keine Zeit sich mit sich selbst zu beschäftigen. Sie sind so darauf fixiert, ihr Umfeld schlecht zu machen, dass sie darob vollständig vergessen, ihr eigenes Leben zu leben. Sie verspüren keine inneren Bedürfnisse, nur den steten Drang das Leben anderer zu zer-pflücken.

Für mich verwunderlich aber wahr - von allen Zicken habe ich immer eine Antwort auf meine Orgasmusfrage erhalten.

Mehr noch. Nach unseren Gesprächen sind bei vielen Zicken die dünnen, runzligen Beton-Striche wieder zu Lippen erblüht und die Augen begannen natürlich zu strahlen.

Auch haben sie alle Besserung versprochen – ist doch ein Ansatz.

International gesehen erreichen

32% der Frauen einen Höhepunkt
sowie
63% der Männer

Spitzenreiter:
Italien 48% der Frauen
Italien 86% der Männer

Schlusslicht:
Hongkong 8% der Frauen
China 30% der Männer

Zum Vergleich:

	Frauen	Männer
Schweiz	39%	73%
Österreich	33%	80%
Deutschland	37%	84%

11 Die Einsilbige

Sie kichert.

„Das Du nicht flagen", meint sie mit ihrem japanischen Akzent. Ich erkläre ihr, dass laut Studie nur ungefähr 8% der Japanerinnen einen Orgasmus haben, was heisst, dass 92% der Japanerinnen ohne sexuellen Höhepunkt durchs Leben gehen.

Wieder kichert sie.

„Ich nicht weiss".
„Hast Du denn überhaupt Sex?"
„Kicher, kicher - Ich dlei Kindel haben."
„Aber Höhepunkt - Orgasmus - Freude?"
„Ich gutes Mann haben - Kicher, kicher"
„Ist Sex schön für Dich?"
„Schön, ja schön - Kicher, kicher"
„Für Dich oder für Deinen Mann?"
„Kicher, kicher, kicher - Du nicht flagen."

Ich hab's aufgegeben. Später habe ich es noch bei zwei weiteren Asiatinnen versucht.

Wieder nur: „Kicher, kicher, kicher."

Im weltweiten Durchschnitt haben die Menschen zweimal pro Woche Sex.

Häufigkeit des Liebesspiels

Weltweit:
103 Mal pro Jahr

Spitzenreiter:
Griechenland 164 Mal

Schlusslicht:
Japan 48 Mal

Zum Vergleich:

Schweiz	123 Mal
Österreich	115 Mal
Deutschland	117 Mal

12 Die Kluge

„Hast Du schon einmal einen Mann erlebt, der gefragt hat, ob Du einen Höhepunkt erlebt hast? Ich nicht."

So habe sie sehr schnell begriffen:
Wenn Du was willst – frage und rede.

„Jeder Mann ist eingangs erstaunt aber nie beleidigt. Jeder ist der Ansicht, dass ihm so viel Ehrlichkeit noch nie untergekommen ist. Er gibt sich beim nächsten Mal erst zufrieden, wenn's auch bei mir geklappt hat. Und so komme ich super ohne falsches Vorspielen und ohne Höhepunktlügen durchs Leben.

Ich kann Dir sagen, es lohnt sich.
Männer mögen ehrliche Frauen und sind dabei noch intensiver und interessierter bei der Sache. Und wenn's halt trotzdem mal nicht funktioniert. Na und, was soll's. Jeder Versuch ist ein Versuch wert.

Ich wünsche jeder Frau, dass sie mit ihrem Partner darüber redet. Sonst sind wir ja auch nicht so. Wir reden und reden und reden………"

13 Die Krankhafte

Sie schaut auf die Uhr. Halbsieben und er ist immer noch nicht zuhause. Welchen Bären wird er ihr heute auftischen? Ist es wieder der kriesenbeladene Freund, der unbedingt seinen Zuspruch und seine Anteilnahme brauchte? Vielleicht der Geschäftsumtrunk, der leider nicht enden wollte. Oder kommt wieder mal der zufällig getroffene alte Bekannte zum Zug? Egal. Er wird ihr in blumigen Worten erzählen, was los war. Er wird haarsträubende Details erfinden. Sie wird ihn anschreien, heulen, einen Hurenbock nennen und ihm dann versichern, dass sie ihn doch so riesig fest liebt. Er wird sich dann, wie schon seit bald einem Jahr, mit einer bemitleidenswerten Geste eines gestressten und überarbeiteten Mannes zurückziehen. Nun gut. Sobald die Unterlagen von ihrem persönlichen „Detektiv" vorliegen, wird sie ihn damit konfrontieren. Dann muss er Farbe bekennen und der anderen, dieser Tussi, wird sie die Augen auskratzen.

Die Unterlagen sind eingetroffen, bestehend aus einem Foto. Sie ist zu blond, zu dürr und natürlich auch viel zu jung. Diesem Miststück wird sie's schon zeigen. Diese blöde dumme Kuh soll ihren Mann in Ruhe lassen. Diese Kröte wird ihre Ehe nicht zerstören. Dafür wird sie schon sorgen.

Wortlos schmeisst sie ihm das Foto vor die Nase, haut mit der Faust auf den Tisch, dabei bauscht sie sich schnaufend, lauernd und fordernd wie eine Matrone vor ihm auf. Jetzt muss er Farbe bekennen - was er aber nicht tut.

Er schaut sie nur traurig an und schüttelt den Kopf. Er sagt ganz ruhig: „Wenn Du Dich sehen könntest - einfach krass" und verlässt das Haus. Sie bekommt einen Schreikrampf, sie strampelt, heult und jault inbrünstig vor sich hin.

Die darauffolgende Therapie hat ihr gutgetan. Der persönliche „Detektiv" ist ein Idiot; hat überhaupt keine Ahnung, fotografiert einfach drauf lose.

Sie versucht ihre Eifersucht nun bestmöglich im Zaum zu halten. Sie durchsucht seine Taschen nur noch selten. Sie ruft auch nicht mehr täglich im Büro an. Als geilen, abartigen Fremdgeher hat sie ihn auch nicht mehr bezeichnet.

Zudem hat sie sich und der Therapeutin versprochen, sein Handy in Ruhe zu lassen.

„Und Orgasmus?"

Wie soll sie an so was denken, wenn sie doch
ständig mit der Frage konfrontiert ist, ob er sie
betrügt oder irgendwann betrügen wird.

14 Die Frische

Das ERSTE MAL. Die eine tut es einfach. Die andere macht sich Gedanken über das Wann. Die Nächste überlegt, wer der Erste sein soll. Und irgendwann - früher oder später - ist er da, der erste Beischlaf.

Sie hat sich darauf gefreut. Er ist der Richtige und er weiss hinsichtlich ihrer Unerfahrenheit Bescheid. Der Termin ist nicht direkt durch eine gemeinschaftliche Planung festgelegt worden. Doch es war nun wirklich an der Zeit und die Gelegenheit günstig. Eltern ausgeflogen - grosses Schlafzimmer steht zur Verfügung.

Warum fliesst kein Blut. Sie weiss doch von Freundinnen, die es schon hinter sich haben, dass da viel, viel Blut fliessen muss. Sie weiss auch, dass es weh tut. Nichts von alle dem. Kein Blut und keine Schmerzen. Später hat sie mal gehört, dass das Jungfernhäutchen auch beim Radfahren platzen kann. Auch hat sie gehört, dass es gar nicht wehtun muss.

Wenn das ein Orgasmus war, dann hat das „Bravo" weit übertrieben. Bestimmt, es war wohlig, es hat geprickelt, es war schön - aber, wenn das der viel gepriesene Höhepunkt sein soll…….

Er hat gefragt: „Wie war's?"

„Schön", hat sie geantwortet, doch er hat ihr nicht geglaubt.

Da sie nun das ERSTE MAL hinter sich hatte, wollte sie es schnellstmöglich wieder tun. Mal schauen, ob da noch eine Steigerung drin liegt.

Er hat nicht mehr gross gefragt, sondern gesagt: „Wir üben weiter." Sie hat freudig mit geübt.

Dass das zwei Jahre dauern würde, wusste sie damals noch nicht. Es hat sich gelohnt, irgend-wann war er da, der Höhepunkt. Sie ist glück-lich und will ihn nicht mehr missen - den Höhe-punkt, meint sie und hüpft mit ihrem Liebsten davon.

Wo beginnt die Untreue?

Mit Sex   38% Frauen / 44% Männer

Mit Küssen   39% Frauen / 33% Männer

Beim Flirten   11% Frauen / 11% Männer

15   Die Praktische

„Mit Mann keinen Höhepunkt - mit Vibrator immer."

Es sei schon eine Sucht. Jeden Vormittag, wenn der Mann zur Arbeit und die Kinder in der Schule sind, macht sie sich eine bequeme Viertelstunde.

Probleme hat es mal gegeben, als ihr Mann den Vibrator gefunden hat. Das sei jetzt aber schon zwei Jahre her. Sie habe ihm vorgeschwindelt, dass das ein Werbeartikel oder so ähnlich wäre. Da er halt schon arg konservativ sei, habe er für solche Dinge kein Verständnis.

Jetzt hat sie ein besseres Versteck. Ihr Mann profitiere schliesslich auch, denn ihr Lustgefühl sei viel stärker geworden. So habe sie mit ihrem Mann mindestens einmal die Woche einen Liebesakt - und jeweils am Vormittag ihren Orgasmus.

20% der Frauen weltweit
nutzen einen Vibrator.

33% der Frauen
haben noch nie ein Hilfsmittel benutzt.

---

16 Die Bequeme

Sie hat gerade eine traurige Scheidung nach 5-jähriger Ehe hinter sich. Belogen und betrogen hat er sie. Sie kann es nicht verstehen. Alles hat sie doch für ihn getan. Ihren Job hat sie an den Nagel gehängt. In sein doofes Kaff auf den Land ist sie umgezogen. Auch hat sie die ewige Einmischung ihrer aufsässigen Schwiegermutter über sich ergehen lassen. Und jetzt - er liebe sie nicht mehr. Sie sei langweilig und fad geworden, meinte er.

Sicher, sie weiss, dass sie sich etwas gehen hat lassen, da sie so gerne Süsses isst.
Aber das ist doch noch kein Grund.

Sicher, sie weiss, dass er nicht mochte, dass immer der Fernseher lief, damit sie jeden Tag all die vielen Serien und Gerichtssendungen schauen konnte.
Aber das ist doch noch kein Grund.

Sicher, sie weiss, dass sie nicht so gerne kocht und er nicht jeden Tag Büchsenfutter - wie er es nannte - wollte.
Aber das ist doch noch kein Grund.

Sicher, sie weiss, dass andere putzen und auf-
räumen und dies nicht den Männern am Feier-
abend überlassen.
Aber das ist doch noch kein Grund.

Sicher, sie weiss, dass sie auch mal hätte einkau-
fen können, auch selbständig ohne ihn.
Aber das ist doch noch kein Grund.

Das doofe Kaff und die Schwiegermutter sind
schuld. Sie habe ihm doch gar nichts angetan.

„Was hast Du denn überhaupt getan?"

„Weiss nicht - nicht viel - meinst Du, das ist der
Grund?".

17   Die Suchende

Sie hatte ihn schon lange im Visier. Es ist keine Frage der Vernunft, auch keine Überlegung des „Warum gefällt er mir?". Es ist die Hirnströmung des Wollens. Somit kann sie nicht sehen, dass er voll auf „Beute" aus ist. Und sie sieht unter keinen Umständen, dass er nur darauf wartet, irgendeine „Willige" zu besteigen.

Sie gockelt um ihn herum, erzählt, spricht, lacht - meist zu laut, gestikuliert, berührt ihn mal unscheinbar, mal merkbar und sie redet und redet und redet sich den Mund fusselig bis sie ihn soweit hat, dass er mit ihr und ihren Freundinnen mitlatscht, um in der nahe gelegenen Disco einen Drink zu nehmen.

Selbstverständlich findet sie als Erste eine freie Sitzecke und selbstverständlich lümmelt er sich als Erster rein. Sie krümelt sich irgendwie zwischen Sofa und Armlehne, nach Berührungen haschend, die sie von ihm auch bekommt, nachdem sie ihm einen Drink organisiert und auch offeriert hat.

Als er sie dann auf dem Nachhauseweg in eine unbeleuchtete Strassenecke zieht, ihr seine Zunge in den Rachen schiebt und ihr dann unmissverständlich mit seinen ungelenkigen Händen an die Wäsche geht, da erwachen ihre Hirnzellen.

Sie möchte doch einen Freund, einen mit dem man die Freizeit verbringen kann, einen mit dem man Pferde stehlen kann - sicher auch Sex machen will sie irgendwann - aber doch nicht sofort. Was denkt er sich nur dabei? Sie weiss es nicht, denn sie hat ihn nicht gefragt.

Als sie ihn einige Zeit später, in Knutschposition mit einer anderen sieht, lächelt er sie an.

Es ist das Lächeln eines Siegers.

Sie ist zerknirscht und wird es auch noch eine Weile bleiben.

18 Die Duldsame

Ja logisch backt sie für die Schlussfeier im Kindergarten ihrer Tochter einen Kuchen.

Dass sie am diesjährigen Kirchenfest den Brunch organisiert, ist doch klar.

Es ist auch eine Selbstverständlichkeit, dass sie an der Seite ihres Gatten, die Gäste am Galadinner seines Firmenanlasses empfängt.

Sie nimmt sich auch Zeit, ihren Körper im Fitnesstraining rank und schlank zu halten. Ihre geschmackvolle Garderobe stellt sie sich aus dem edlen Boutiqueangebot der Stadt zusammen.

Dass sie sich in Handarbeit, Töpfern und Gartengestaltung auskennt ist nur natürlich, wie auch, dass sie zahlreiche Freiwilligenarbeit bei verschiedenen sozialen Institutionen leistet.

Sie bekommt viel Lob und Anerkennung von allen Seiten.

Ihre Kinder danken es ihr, indem sie Mama forsch darauf hinweisen, wenn ein Bedürfnis ansteht.

Der Gatte liebt sie und zeigt es ihr, indem er ihr jeden Sonntagabend nach den 22-Uhr-Nachrichten über den Kopf streichelt.

Dies ist die Aufforderung.

Nach gut 12 Minuten, manchmal schon nach weniger, dreht er sich um mit den Worten: „Schatz, Du bist einfach toll".

Sie weiss, dass ihr Liebensleben nicht so wahnsinnig interessant ist. Aber ansonsten hat sie's doch wirklich gut.

19   Die Lernende

Sie hat sich vorgenommen, keinen Orgasmus mehr vorzutäuschen. Er soll es wissen, ob und wann sie zum Höhepunkt kommt.

Da lag sie nun und überlegte sich krampfhaft, was sie an seinen Bemühungen als positive und erregende Tätlichkeiten empfinden könnte.

Blöderweise bemerkte sie nur die störenden, lästigen und tapsigen Tätlichkeiten. Seine Zunge war zu schnell, seine Bewegungen zu langsam. Seine Hände waren zu grob - dann wieder zu lasch. Bequem war es ihr auch nicht. Überhaupt stimmte gar nichts. Sie hatte plötzlich auch keine Lust mehr.

Er gab sein Bestes und sie gab gar nichts. Sie hat ihn dann mittendrin weg gestossen und gesagt, sie habe Bauchkrämpfe.

Er war beleidigt und frustriert und sie noch weiter vom Höhepunkt entfernt als eh und je. Leider ist es ihr erst im Nachhinein wieder mal eingefallen, dass Sex ein Geben und Nehmen ist.

Auch habe sie bei diesem Vorhaben total vergessen, dass sie eigentlich loslassen wollte. Schluss-
endlich sei es ihr auch nicht in den Sinn gekommen, ihm ihre Gedanken mitzuteilen.

Sie werde jedoch das Vorhaben weiterverfolgen
und sich bei ihm entschuldigen.

80% der Frauen haben schon einen Orgasmus
vorgetäuscht.

„Woran erkennt der Mann, dass seine Frau einen Orgasmus hatte?"

„Keine Ahnung, ich kenne keinen Mann, den
das interessiert."

20 Die Unbeschwerte

„Bei mir läuft alles rund. Ich weiss, Du glaubst mir nicht. Das bezweifeln auch meine Freundinnen. Wenn immer dieses Thema zur Sprache kommt, weichen alle aus und sehen mich ungläubig und stumm an. Mir soll's egal sein. Ich bin Hausfrau und Mutter, aber auch Geliebte, Partnerin und Ehefrau. Es ist nicht so, dass es gar immer passt. Aber von 10 Mal sind da schon 7 bis 8 Höhepunkte dabei. Mein Mann weiss immer, ob oder ob nicht. Denn wir reden. Wir lachen auch viel - ja, auch im Bett.

Details erzähle ich Dir nicht, aber eine Episode: An einem Sonntagmorgen hatten wir es so richtig kuschelig, es war so um 07.00 Uhr. Wir meinten, unsere Kinder schlafen noch fest. Der Kleine war 3, die Grosse 5 Jahre alt.

Kurz vor unserem Höhepunkt ging ein mordio Geschrei los, denn wir hatten nicht mitbekommen, dass die Kinder in unser Schlafzimmer kamen. Die Grosse hockte sich auf meinen Mann und schlug kreischend mit ihren kleinen Fäusten auf ihn ein. Sie schrie nur: Mami, Mami, Mami. Der Kleine stand neben dem Bett und heulte.

Wir befreiten uns in Sekundenschnelle. Die Grosse konnten wir nach ungefähr 10 Minuten beruhigen, in dem wir erzählten, dass wir ein lustiges Huckepack-Spiel gemacht hätten. Dazu gehöre auch das schnaubende und wiehernde Pferd. Wir haben dann irgendwas vorgeführt und der Kleine kreischte und stampfte vor Freude.

Von da an haben wir die Schlafzimmertüre bei solchen Vorhaben immer abgeschlossen und auf das schnaubende und wiehernde Pferd zu gewissen Zeiten verzichtet. Wir können heute noch darüber lachen und unsere Kinder sind auch aufgeklärt, denn es ist schon 15 Jahre her."

21 Die Unheilbare

„Ich weiss noch genau wann es war. Es war genau vor 2 Jahren, 6 Monaten und 12 Tagen. Kennen tu ich ihn schon ein Jahr länger. Und irgendwann werde ich ihn verlassen.

Gefallen hat er mir schon beim ersten Sehen. Ich habe ja gewusst, dass er verheiratet ist. Darum habe ich ja nichts gemacht. Weisst Du, ich nehme normalerweise keiner Frau den Mann weg. Das finde ich fies, das würde ich nie tun. Aber dann in der Garderobe, er war da und ich kam rein, da ist es dann einfach passiert. Es war genau vor 2 Jahren, 6 Monaten und 12 Tagen.

Irgendwann wird er seine Frau verlassen, hat er gesagt. Sie haben es nicht gut zusammen. Damals war seine Frau gerade schwanger. Aber sie hatten es wirklich nicht gut. Sie hat ihn nicht mehr gelassen und er brauchte jemanden, der ihn versteht. Ich liebe ihn und er liebt mich auch. Aber er konnte nicht einfach gehen.

Denn sie haben doch zwei Kinder. Sie arbeitet nicht und ohne ihn ist sie Nichts. Am Anfang haben wir es fast jeden Tag gemacht. Manchmal sogar zwei Mal. Ich weiss, dass ich ihn verlassen sollte.

Nein, miteinander im Ausgang waren wir noch nie. Das kann er sich nicht leisten, in seiner Position. Jetzt kommt er noch so alle drei Wochen zu mir. Manchmal ruft er so kurzfristig an, dass ich kein Essen mehr machen kann. Dann machen wir es halt nur kurz. Ich weiss, dass ich ihn irgendwann verlassen muss.

Aber ich liebe ihn. Es ist schon traurig, wenn er nie am Wochenende kann. Noch schlimmer sind die Feiertage. Letzte Weihnacht hat er versucht, vorbeizukommen. Leider hat es nicht geklappt. Es kam ein Besuch bei ihm dazwischen, einfach unangemeldet und dann hat noch eines der Kinder Fieber bekommen. Und die Frau ist so misstrauisch, da muss er einfach aufpassen. Irgendwann werde ich ihn verlassen.

Momentan bin ich echt traurig. Denn seine Frau erwartet das dritte Kind. Ich kann wirklich nicht glauben, dass es einfach so passiert ist, wenn er das doch gar nicht wollte. Als Arzt sollte er wissen, wie, wann und wo. Aber ich bin schon froh, wenn er vorbeikommt. Für ihn ist es auch nicht einfach. Er muss immer schauen, wann es geht. Und wenn er da ist, möchte er seine Ruhe und nur einfach bei mir sein. Manchmal vermisse ich, dass wir nie ausgehen. Bei mir sei es immer so schön und ohne Stress. Zwischendurch denke ich, dass er mich ausnutzt. Aber ich liebe ihn. Irgendwann muss ich ihn verlassen.

Ich habe einfach nicht die Kraft - im Moment."
„Und Orgasmus?"
„Schon lange nicht mehr, ich bin schon froh, wenn er vorbeikommt."

10 Monate später
„Eigentlich haben wir Schluss gemacht. Nein, nicht wegen dem dritten Kind. Das ist jetzt schon 6 Monate alt. Seine Frau hat ihn rausgeworfen.

Nicht wegen mir, sondern wegen einer anderen. Er wohnt jetzt bei der Neuen. Sie ist auch Ärztin.

Er tut mir echt leid. Jetzt hat er sein schönes Haus und seine Kinder verloren und muss so viel bezahlen. Und die Neue ist so eifersüchtig und besitzergreifend. Warum ich das weiss? Er war letzte Woche bei mir. Er liebt mich noch immer. Aber er muss jetzt aufpassen, bis die Scheidung durch ist und die Ärztin darf auch nichts merken."

„Und Orgasmus?"

„Er braucht mich jetzt. Da darf ich nicht nur an mich denken."

Der Höhepunkt bei der Frau kann bis zu
100 Sekunden und mehr dauern.

Beim Mann ist dieses Gefühl durchschnittlich
nach rund 13 Sekunden bereits vorbei.

„Wozu dient der Orgasmus der Frau?"

„Damit die Männer wissen, wann Schluss ist."

22   Die Kindliche

In nicht zu überhörender Lautstärke grölt sie:
„Was suchen so alte Weiber um diese Zeit noch
auf der Gasse".

Die kam mir gerade recht. In gleicher Lautstärke
frage ich:
„Wann hattest Du Deinen letzten Orgasmus?"

Sie schaut perplex aus ihren blauen und noch
blauer bemalten 17-jährigen Augen. Sie lugt Hil-
fe haschend zu ihrer Freundin. Diese hat jedoch
bereits ihren hochroten Kopf auf die offenherzi-
ge Brust gesenkt.

„Ich habe einen Freund. Und wir haben es schon
gemacht", sagt sie mit selbstsicherer Mine.
Die Freundin nickt zustimmend.

„Und Orgasmus?"

„Das mit dem Höhepunkt, das ist so…. Ich hatte
noch nie…..", stottert sie.

„Weiss das Dein Freund?"

„Um Gottes Willen NEIN, der würde mich doch glatt verlassen. Ich bin schon froh, dass ich ihn gekriegt habe. Weisst Du, der sieht einfach toll aus", schwärmt sie.
Die Freundin nickt zustimmend.

„Findest Du das normal?"

„Das merkt er doch gar nicht, ich tu schon so als ob", meint sie lachend.
Die Freundin lacht auch.

„Und auf die Dauer?"

„Ich weiss, doch ich habe wirklich Angst, dass er mich dann verlässt", sagt sie traurig.
Die Freundin nickt ebenfalls traurig.

„Du bist so jung, wenn Du schon jetzt mit dem Lügen anfängst, gehörst Du irgendwann zu den 70%, weil Du gar nicht mehr anders kannst."

„Ich weiss, aber wenn er mich dann verlässt?", fragt sie ängstlich.

Die Freundin sagt bestimmend:
„Na und".

Selbstbewusst und bestätigend nicken sich beide bestärkt zu. Sie entschuldigt sich zerknirscht für ihre Anfangsbemerkung und die zwei danken herzlich für das Gespräch. Sie freuen sich auf das Buch, das sie ganz bestimmt lesen wollen.

23   Die Entspannte

„Es ist schon gut, dass dieses Thema nicht mehr unter den Tisch gewischt wird wie früher. Aber es kann auch frustrierend sein. Stell Dir nur mal die armen 70% vor. Die müssen ja alle einen grandiosen Minderwertigkeitskomplex bekommen.

Andererseits gehören diese ja zur Mehrheit. Da sieht man mal wieder - die Mehrheit ist nicht immer besser dran als die Minderheit.

Ich habe das Glück, zur Minderheit zu gehören, warum weiss ich auch nicht. Es funktioniert einfach.

Wir reden, wir lachen und wir lieben. Ich denke, dass dies mit dem Alter auch nicht nachlassen muss. Wenn ich meine Mutter höre, sei es seit dem Klimakterium noch besser. Warum weiss sie auch nicht. Bei meiner Schwester ist das wieder anders. Sie sagt immer, das sei nicht so ihr Ding. Sie interessiert sich mehr für Tiere, Sport und vegetarisches Essen. Die gehört zur Mehrheit, ist aber damit glücklich. Meine 93-jährige Grossmutter lächelt immer verschmitzt, wenn sie von früher spricht. Bei ihr im Altersheim habe es leider nur alte Knacker. Die Pfleger gefallen ihr besser.

Echt, ich finde das Thema interessant. Aber sag in Deinem Buch auch, dass sich die grosse Mehrheit „keinen Kopf" machen muss - leben sollen sie, dann kommt das schon gut. Ob Mehrheit oder Minderheit - minderwertig ist sowieso keine."

Wie viele Menschen sind zufrieden mit ihrem Sex?

27% der Singles

42% der verheirateten / zusammenlebenden Paare

50% der Paare, die nicht zusammenleben.

24   Die Stumpfe

„Mir ist das Wurst. Er geht sowieso nicht mehr mit mir ins Bett. Mit seinen vielen Seitensprüngen habe ich mich schon längst abgefunden. Er ist einfach so. Keinen Rock kann er in Ruhe lassen, das wusste ich schon vor der Heirat. Aber dass er die Weiber sogar nach Hause bringt, das kommt mir nicht mehr in die Tüte. Vor allem nicht, wenn ich zuhause bin. Was glaubt er eigentlich. Alles lasse ich mir nicht gefallen.

Wenn er es zu bunt treibt, dann drohe ich ihm mal wieder mit Scheidung. Das mag er gar nicht. Ich könnte ihn ruinieren und davor hat er echt Schiss. Du solltest sehen, wie er dann wie ein nasser Pudel angekrochen kommt und mir wieder einen ansehnlichen Ring oder eine glanzvolle Kette anschafft.

Finanziell und materiell bin ich unbeschädigt. Irgendwie muss ich mich ja auch gesund stossen. Sicher, manchmal bin ich schon deprimiert. Ohne meinen Psychiater könnte ich das nicht durchstehen. Einmal im Monat gehe ich zu ihm, schon seit 7 Jahren. Er ist ein sehr guter Zuhörer. Aber helfen kann er mir eben auch nicht.

Jetzt hören wir auf zu reden, denn sonst werde ich von neuem depressiv. Ändern kann ich sowieso nichts.

Bei einer Scheidung würden das Haus und auch das Ferienhaus in Spanien mir gehören. Aber was soll ich alleine dann tun - und gesellschaftlich. Das wäre ein beträchtlicher und furchtbarer Abstieg. Nein, das tue ich nicht - so blöd bin ich nun auch wieder nicht."

Wohlbefinden beim Sex ist ein wichtiger Teil für ein ausgefülltes Leben.

Dieser Ansicht sind
Spitzenreiter:
Brasilien 91% der Frauen
Griechenland 86% der Männer

Schlusslicht:
Japan 30% der Frauen
Thailand 28% der Männer

Zum Vergleich:

	Frauen	Männer
Schweiz	68%	71%
Österreich	69%	66%
Deutschland	75%	70%

25 Die Erlernte

„Es ist ein Teufelskreis. Erst ist man jung und unerfahren. Man ist verliebt und wieder verliebt. Dann kommt vielleicht Liebe auf und irgendwann ist es Gewohnheit.

Es ist ein Teufelskreis. Erst tanzen die Gefühle. Man macht Liebe mehr schlecht als recht. Dann kommt vielleicht mit gut Glück mal ein Orgasmus und irgendwann ist es Routine.

Es ist ein Teufelskreis. Erst weiss man nicht so recht wie's funktioniert. Man macht's einfach. Dann hat man den Trick raus und irgendwann ist es Übung.

Ob alle dem habe ich es unterlassen und verdrängt, über meinen nicht vorhandenen Höhepunkt nachzudenken. Dafür habe ich gelernt, Kopfweh zu haben, müde zu sein, Unpässlichkeit vorzutäuschen oder lesen zu wollen.

Reden war und ist nicht unsere Stärke. Ich werde es auch nicht tun. Das liegt mir nicht und mein Mann will so was bestimmt nicht hören.

Es ist einfach Gewohnheit geworden und ohne Höhepunkt macht die Gewohnheit nicht immer Lust. Doch er kann sich nicht beklagen, dafür sorge ich allemal."

Für die Frau hat der Orgasmus eine immense Wichtigkeit für das sexuelle als auch das allgemeine Wohlbefinden.

Ohne Höhepunkt fühlen sich 70% der Frauen unbefriedigt, 30% fühlen sich trotzdem befriedigt.

26 Die Abweichende

„Möchtest Du nun wissen ob? oder wie? Also „normal" geht's bei mir gar nicht. Die meisten Männer wollen rein - was passiert? Stoss, stoss, stoss. Sie probieren es von oben, von unten, von hinten - es geht nun mal wirklich nicht. Was die sich schon abgemüht haben. An und für sich sollte ich lesbisch werden, dann hätte ich keine Probleme. Aber leider stehe ich schon eher auf die männliche Welt. Ab und zu findet sich eine Zunge, die Lust, Zeit und Ausdauer hat. Hast Du auch eine Statistik über solche wie mich?"

Rund 30% der Frauen
lieben diese Art des Liebens.

27   Die Redselige

Waschweiber sind Frauen, die grausige Wasch-küchenkriege anzetteln. Sie benützen ihr Handy in Bus und Bahn so geschwätzig laut, dass alle Mitreisenden unumgänglich an ihrem einfallslo-sen, albernen und lächerlichen Gelaber teilhaben müssen.

Sie sind stets über jegliche Angewohnheiten ihrer Nachbarn informiert. Sie wissen, wann welche Klosettspülung bedient wird, sie wissen wer es mit wem treibt und es entgeht ihnen auch nicht, wenn Nachbarin XY schon wieder neue Klamotten gekauft hat, obwohl doch ihr Mann kaum so viel Stutz nach Hause bringt.

Diese „Kronen der Schöpfung" sind vorwiegend im Besitz von liebenswerten, ruhigen und schwerhörigen Männern. Ob Schwerhörigkeit in diesem Fall eine Krankheit oder eine Wohltat ist, sei dahingestellt.

Fazit:
Ehemänner von Waschweibern gehen immer fremd, bevor sie sich scheiden lassen.

28 Die Sehnsüchtige

Eine graziöse Schönheit sei sie gewesen. Ei, ei ei, das waren noch Zeiten. Auf dem Eis war sie schnell, präzis und die Akrobatik konnte ihr so leicht keine nachmachen. Die halbe Welt hat sie gesehen. Von Moskau bis in den Hohen Norden. Auch in Amerika hatte sie mit ihrer Truppe Auftritte. Geheiratet hat sie jung, einen vom gleichen Fach. Treue ist nicht so die Stärke in dieser Art Beruf. Oh ja. Viele Feuer habe sie entfacht - viele Feuerwerke auch erlebt; an jedem möglichen und unmöglichen Ort.

„Ei, ei, ei - das waren noch Zeiten. Weisst Du, das sind die Gene. Mein Vater war auch so - meine Mutter noch verrückter; 7 Ehemänner hat sie überlebt. Ei, ei, ei - das waren noch Zeiten.

Jetzt ist es nur noch ein fades, deprimierendes Dahinvegetieren. Die Haut zerknittert, das Gesicht zerfällt, der Körper schlabbert und die Männer wollen nur noch im Dunkeln.

Ausführen tun sie einem auch nicht, nur bei mir hocken, mein Essen vertilgen und am liebsten noch die dreckige Wäsche vorbeibringen. Du solltest besser ein Buch darüber schreiben."

„Was ist mit Orgasmus?"

„Pha, das war und ist doch kein Problem. Ich bin allzeit bereit. Was habe ich davon? Das dauert pro Mal vielleicht eine Stunde wenn's . Ein Monat hat mehr als 700 Stunden. Was mache ich die restlichen 699?"

29 Die Realistische

„Der perfekte Mann sollte gemäss Statistik treu, humorvoll, intelligent, einfühlsam und zärtlich sein. Was liebst Du an Deinem Mann?"

„Mein Mann ist zuverlässig und ein guter Vater."

„Ist Dein Mann treu?" - „Ich glaube schon."
„Bist Du treu?" - „So ziemlich."

Ist Dein Mann humorvoll? - „Ab und zu."
„Bist Du humorvoll?" - „Meistens."

„Ist Dein Mann intelligent?" - „Ja."
„Bist Du intelligent?" - „Ich glaube schon."

„Ist Dein Mann einfühlsam?" - „Selten."
„Bist Du einfühlsam." - „Ja."

„Ist Dein Mann zärtlich" - „3 x pro Woche".
„Bist Du zärtlich?" - „1 x pro Woche".

30 Die Fröhliche

„Meinen letzten Höhepunkt hatte ich letzte Woche, und den davor vorletzte Woche, und den davor vorvorletzte Woche. Und wenn die Statistik meint, ich müsste zweimal pro Woche, dann kann sie meinen was sie will."

Sie holt Luft:

„Mein Freund ist toll, ich bin toll und wir finden es toll."

31 Die Männer

Nach der ersten Veröffentlichung dieses Buches vergingen rund 3 Monate und die 600 Exemplare waren verkauft – somit das Buch bereits ausverkauft.

Ich war erleichtert. Denn ich fühlte mich zunehmend überfordert, da ich auf die vielen Reaktionen nicht vorbereitet war.

Ich bekam unzählige Mails, telefonische Anfragen, sogar unangemeldete Besucher standen vor meiner Tür und zu meinem grossen Erstaunen:

Alles Männer

Männer, die mit mir diskutieren wollten, Männer die mich um Rat fragen wollten, Männer die mir danken wollten und auch Männer, die alles nicht glauben wollten.

Gerne lasse ich nun auch einige dieser Männer zu Worte kommen.

32   Der Besserwisser

„Mir macht keine was vor. Ich weiss immer ob sie gekommen ist oder nicht."

„Wie merkst Du das?"

„Ich merke das einfach – mir macht man nichts vor."

„Aber an irgendetwas musst Du es ja merken."

„Nein, ich weiss es einfach."

„Und was machst Du, wenn sie mal nicht kommt."

„Ich sag dir doch - bei mir kommt jede."

33 Der Feigling

„Es ist zwar wirklich beschämend was ich Dir jetzt sage. Ich war sieben Jahre verheiratet und nun seit vier Monaten geschieden. Ehrlich gesagt, ich weiss nicht, ob meine Frau den Orgasmus je vorgespielt hat oder nicht."

„Hast Du nie gefragt?"

„Nein, es gab ja keinen Grund, sie hat sich nie beklagt. Also ging ich davon aus, dass es so stimmt. Erst die Diskussionen über dieses Buch haben mich nachdenklich gemacht. Aber ich bin nicht sicher, ob ich – künftig fragen werde."

„Warum nicht?"

„Das würde mich belastet und tut meinem Ego nicht gut."

34   Der Feinfühlige

„Meine Frau hat das Buch gekauft und wir haben uns sehr amüsiert. Ich weiss immer ob Orgasmus oder nicht. Schliesslich reden wir miteinander.

Für uns ist es eine Selbstverständlichkeit, dass guter Sex für beide nicht nur auf Vertrauen, sondern auf Geben und Nehmen basiert.

Ich will damit nicht sagen, dass meine Frau jedes Mal einen Orgasmus hat.“

Die Frau meint dazu:
„Der Mann braucht halt mehr ‚Entladungen‘ als wir Frauen und ihm dabei behilflich zu sein, kann seeeehr befriedigend sein.“

35 Der Betupfte

„Es ist wirklich einmal Zeit, dass jemand sagt, dass wir Männer nicht schuld sind. Es müsste mal geschrieben werden, was wir Männer fühlen. Immer heisst es, dass wir schuld sind. Wir seien schlechte Liebhaber. Meine Frau hat das jahrelang gesagt, Ich habe recherchiert. Es gibt viele medizinische Abhandlungen, die belegen, dass es nicht am Mann liegt. Immer sollen wir schuld sein. Seit Jahren befasse ich mich mit diesem Thema und niemand interessiert sich dafür.

Ich sage es doch. Wir sind nicht schuld. Wie machen alles richtig. Auch wenn meine Frau da anderer Meinung ist. Jetzt hat sie's mal schwarz auf weiss. Aber die will das gar nicht wissen. Mir glaubt sie sowieso nicht. Mein Arzt sagt auch, dass ich nicht schuld bin. Hier sind alle Artikel, die ich gesammelt. Wir können diese gerne durchgehen. Das ist nämlich ganz wichtig.

Ich kann ihnen die Unterlagen auch geben, die sind auch wichtig für Sie, damit Sie sehen, dass wir nicht schuld sind."

„Und was meint Ihre Frau zu Ihren Recherchen?"

„Die interessiert das nicht und ich rede nicht mit ihr darüber, schon lange nicht mehr. Aber ich kann es belegen, dass wir nicht schuld sind."

36 Der Sorglose

„Im Grunde genommen geht das dem Mann am A...... vorbei, ob gespielter Orgasmus, ob echter Orgasmus, oder gar kein Orgasmus.

Wenn Frau den Orgasmus vortäuscht, dann doch genau darum, weil sie nicht reden will oder was weiss ich. Mir soll's recht sein. Das ist ihr Problem nicht meins. Was soll ich mich damit beschäftigen, wenn keine Reklamationen kommen.

Es freut mich, wenn's der Frau auch gefällt und wenn sie nur so tut als ob, muss sie damit leben, nicht ich."

Aufgeschnappt

„Ich bin so froh, dass ich 10 Finger habe."

„Die Religion hat viel an mir versaut."

„Sex ist nicht das Wichtigste."

„Wie soll ich nur loslassen."

„Das was ich brauche, kriege ich schon irgendwie."

„Die Männer wollen nur das Eine."

„Wenn ich weiter darüber nachdenke, verlass ich ihn".

„Ich lasse ihm seinen Stolz."

„Wenn ich nicht darüber nachdenke, geht's mir gut."

„Ich liebe ihn - trotz allem."

„Selbst ist die Frau".

„Je mehr wir reden, umso schärfer werde ich."

„Die Männer sind alle gleich."

„Ohne mich wäre er ein Nichts."

„Ohne ihn könnte ich nicht leben."

„Es ist schön, darüber reden zu können."

„Bei meiner Generation war das noch anders".

„Ich brauche ihn."

„Ich liebe ihn."

„Irgendwann geht es mir gut."

„Wir Frauen sind nun mal so."

„Ich möchte doch nur geliebt werden."

Dankeschön

Ein grosses und herzliches Dankeschön möchte ich an dieser Stelle allen Frauen aussprechen, mit denen ich mich unterhalten durfte. Die eine oder andere war erst entrüstet oder schockiert ob meiner Frechheit. Doch jede hat sich mit dem Thema auseinandergesetzt und mir damit ermöglicht, dieses Buch zu schreiben. Vielfach wurde aus der Kernfrage eine rege Diskussion. Ich habe ganze Lebensgeschichten erfahren. Auch ergaben sich viele interessante Gespräche, gleichzeitig kamen Unterhaltungswert und Humor nie zu kurz.

Mein Dank gilt auch all jenen Männern, die ich unverhohlen ausgefragt habe. Auch sie haben mir jederzeit ehr- und redlich Auskunft erteilt.

Einen speziellen Dank richte ich an meine geduldigen Freunde und Kollegen, in deren Gegenwart ich öfters meine Studien durchführte. Ich weiss, dass ich sie mehrmals delikaten Situationen ausgesetzt habe. Zumal trieb ich sie in den baldigen Wahnsinn oder sie schrieben diesen mir zu.

Ich schliesse dieses Buch mit der Frage:

**„Wann hattest Du Deinen
letzten Orgasmus?"**

Quelleninformationen

durex-der Kondomexperte
Sexual Wellbeing Global Survey 07/08
„The Bic O"

Besonders lesenswert:
„Was ist sexuelles Wohlbefinden?"
Wissenswertes über den Orgasmus
von Frau Dr. Ulrike Brandenberg
www.durex.com

----

dtv-Atlas Sexualität
von Erwin J. Haeberle

Das sexualwissenschaftliche Buch.
www.sexology.cjb.net